BIOGRAPHIC
DEGAS

德加传

[英] 凯蒂·格林伍德　著
吕作用　译

江西美术出版社
全国百佳出版单位

德加传

[英] 凯蒂·格林伍德　著
吕作用　译

图书在版编目（C I P）数据

德加传 / (英) 凯蒂·格林伍德 (Katie Greenwood)著；吕作用译. -- 南昌：江西美术出版社, 2018.11
ISBN 978-7-5480-6345-2

Ⅰ. ①德… Ⅱ. ①凯… ②吕… Ⅲ. ①德加(Degas,Edger 1834-1917) - 传记 - 青少年读物 Ⅳ.①K835.655.72-49

中国版本图书馆CIP数据核字(2018)第194104号

Biographic Degas

by Katie Greenwood

出 品 人 \ 周建森
策　　划 \ 李国强
责任编辑 \ 李国强
书籍设计 \ 郭　阳
责任印制 \ 谭　勋

出　　版 \ 江西美术出版社
社　　址 \ 南昌市子安路66号
网　　址 \ www.jxfinearts.com
电　　话 \ 0791-86566329
邮　　编 \ 330025
经　　销 \ 全国新华书店
印　　刷 \ 浙江海虹彩色印务有限公司
版　　次 \ 2018年11月第1版
印　　次 \ 2018年11月第1次印刷
开　　本 \ 889 × 1194　1/32
印　　张 \ 3
ISBN 978-7-5480-6345-2
定　　价 \ 45.00元

目录

标志性 06

介绍 08

01：生活 11

02：世界 35

03：作品 51

04：遗产 77

小传 92

标志性

当我们可以通过一系列标志性图像辨识出一位艺术家时，我们也就知道了他对我们文化和思想的影响到底有多深。

介绍

作为公认的最有影响力、最神秘的印象派艺术家之一，埃德加·德加以画舞蹈演员和巴黎社会而闻名。他画艺精湛，又研究古代艺术和文艺复兴时期大师的作品。他对过去深怀敬意，同时又是一位站在先锋艺术前沿的伟大实验者。在19世纪，这些先锋艺术改变了人们观看世界的方式。身为上层中产阶级人士，德加的某些观念难免保守了点，但他的艺术则是革命性的。

德加的出类拔萃，使他成为克劳德·莫奈和皮埃尔·奥古斯特·雷诺阿艺术圈子的领袖之一。这些艺术家试图通过一系列独立展览，摆脱巴黎沙龙——一个大型的、高规格的年度艺术盛会和既定的展示平台——并展现他们眼中的现代生活。德加总是跟同时代的人保持些许距离，他不喜欢被贴上印象派的标签，而更喜欢独行者的身份。尽管他与印象派画家的技巧和目标有相似之处，但他的方法却大不相同。

“绘画需要略显神秘，有点含蓄，有所想象。如果你的画面的含义总是一览无余，你便成了乏味的人。尽管艺术源于生活，但独具匠心的创作不可或缺。”

——埃德加·德加，引自彼埃尔·乔治·让尼奥《德加的回忆》，1933年在智力方面，德加才思敏锐；他是一位交际大师，对人对己都严厉而苛刻。他充满焦虑又自我怀疑，随着年龄的增长，他深受忧郁症困扰，备感孤独，同时退化性眼疾加剧，几近失明。然而，他依然宽宏大量、乐善好施，对家人和亲友忠诚——在德莱弗斯事件之后对发小卢多维奇·哈勒维的那件伤心事另当别论。

在职业生涯初期，德加追随着心目中的偶像，尤其是让·奥古斯特·多米尼克·安格尔，创作人物肖像和历史画。但他很快就决定要表现现代生活，其作品的表现力也与日俱增。他是线条、色彩和构图大师，汲取了包括日本艺术在内的多种养分，形成了独树一帜的自我风格。

德加是一个喜欢独处的人，这使他不为声名所累。本着艺术家适宜独居的观念，他一直保持单身，全身心致力于艺术之中，但后来他对此颇感悔意。由于缺乏任何亲密关系，作为一名艺术家，他似乎被一种不可抗拒的情感需求所驱使：痴迷于探索某些主题——芭蕾舞者的私密时刻——在各种媒介上一遍又一遍地重复同样的主题。

今天，德加以原创性闻名，但他的形象也笼罩着一层阴影。因为描绘妇女的原始生理状态（这和一些他的艺术家同道青睐巧克力盒般美丽精致相距甚远），他的一些作品被视为歧视女性，而他的反犹主义更使他疏离于现代观众和评论家。反观他的生活和艺术，呈现出许多矛盾，然而这正是他的独特个性，反对多产、天赋及风格创新，从而使德加成为独一无二的德加。

“让我结婚？哦，我永远不会让自己这样做。否则我将痛苦一辈子，因为我怕在我完成一幅作品后我妻子会说‘这是一件漂亮的小东西’。”

——埃德加·德加，引自《德加：一幅亲密的肖像》安博洛伊斯·沃拉德著 1927年

埃德加·德加

01
生活

“我觉得我脑子里真的有些货，只要有能保很多东西的保险公司给它们上保险，那么我应该马上就会去投保。”

——埃德加·德加，1873年给新奥尔良的詹姆斯·天梭的信

埃德加·希莱尔·日尔曼·德加

1834年7月19日出生在法国巴黎第九区

德加出生在圣乔治街8号的一个富有的银行家庭，并在知识和文化的氛围中成长。位于塞纳河右岸的第九区深受法国上层中产阶级的青睐。街道两侧排列着精致的新古典主义建筑——其中有金融家和房地产经纪人的豪宅——因而该区赢得了Nouvelle Athènes（“新雅典”）的美称。

这里将是艺术家德加毕生的居所。

德加的同道画家**克劳德·莫奈**（1840——1926）也出生在巴黎第九区，正是因为他的作品《日出·印象》之故，他们的画派才被称为“印象主义”。

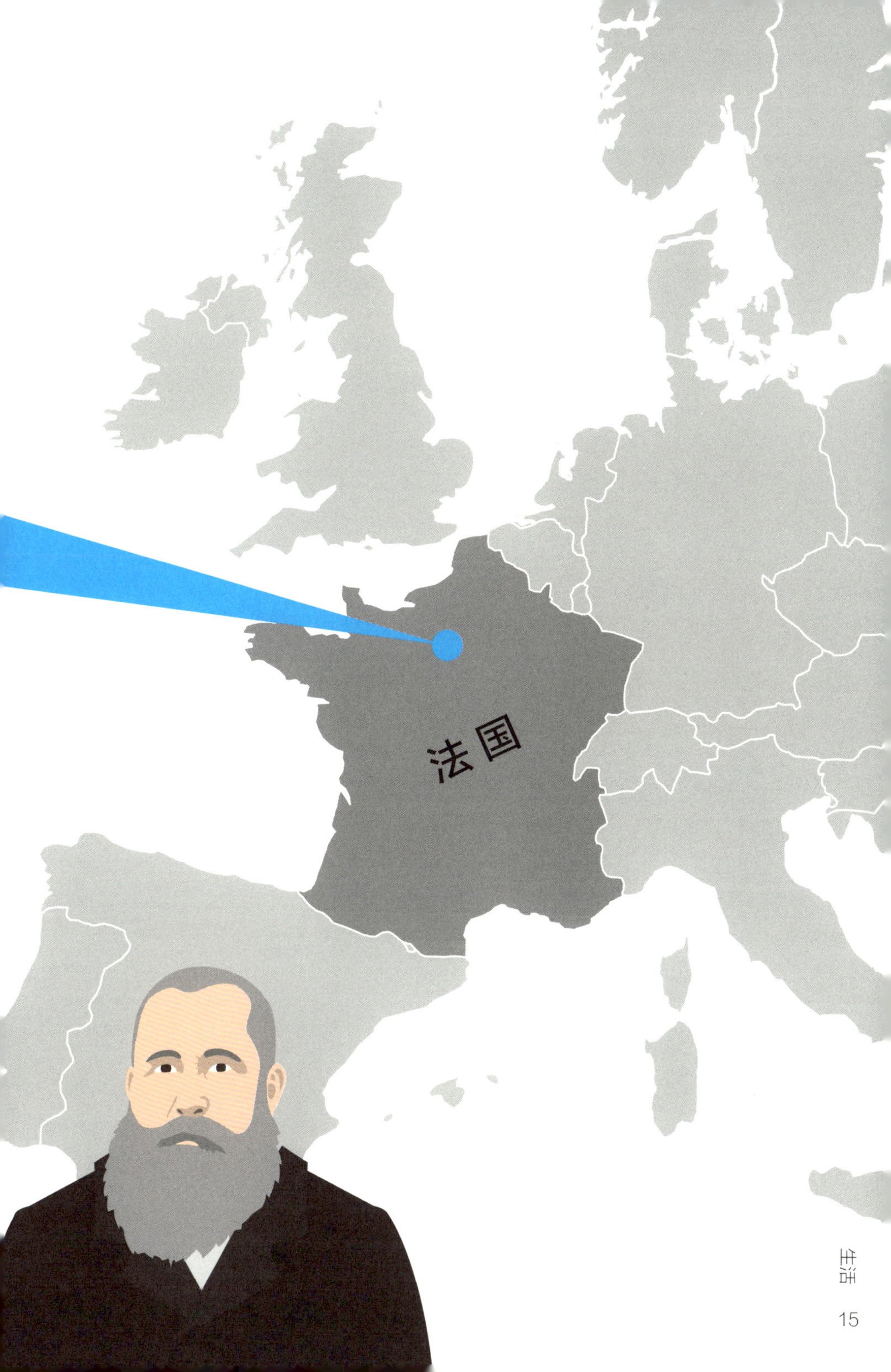
法国

1834年的世界

美国佛蒙特州

6月14日，佛蒙特州斯普林菲尔德的小艾萨克·菲舍尔获得砂纸专利。

英国伦敦

8月14日，新济贫法获得通过，要求身体健全的“贫民”进入济贫院以便通过劳动获取食物和衣服。

美国纽约

7月7日——10日，反废奴主义者暴动震撼了纽约。

英国多塞特

托尔普德尔蒙难者被驱逐到澳大利亚刑事殖民地，流放七年，并在那里成立了工会联盟。

西印度群岛

8月1日，英帝国大部分地区废除奴隶制，西印度群岛释放了75万奴隶，毛里求斯2万，南非4万，但东印度公司控制的印度和锡兰地区不在此列。

德加出生之时，世界正经历着剧烈的变化。继西方启蒙运动之后，自由主义思想的兴起持续带动着社会变革，比如逐步废除奴隶制度，从而为政治革命铺平了道路。但冲突一直存在，特别是日渐工业化的情况下关于工人权利的问题。

过去10年里，巴黎的路灯已经使用汽油为能源，作为大扩张时期的领航者，巴黎是现代化的中心。在德加的一生中，社会将发生彻底的变化，城市拓展，人口剧增，而新艺术观念的出现及闲暇中产阶级的增多将使这个城市成为19世纪的文化之都。

英国伦敦

10月16日，威斯敏斯特宫发生火灾。

意大利那不勒斯

8月23日，维苏威火山在那不勒斯附近爆发，那里是德加父亲的出生地，也是他许多亲戚的居住地。

巴勒斯坦

5月开始，农民起义爆发，反对埃及的征兵和税收政策。

南澳大利亚

8月15日，《南澳大利亚法案》颁布，允许在南澳大利亚建立英国殖民地。

雷内·希莱尔·德·加
生：1770年，法国奥尔良
卒：1858年，意大利那不勒斯

乔凡娜·奥萝拉·特蕾莎·弗蕾帕
生：1783年，意大利利沃诺
卒：1841年，意大利那不勒斯

父亲
劳伦特·彼埃尔·奥古斯特·亚森特·德·加
生：1807年，意大利那不勒斯
卒：1874年，意大利那不勒斯

希莱尔·日尔曼·埃德加·德加
生：1834年，法国巴黎
卒：1917年，法国巴黎

阿希尔·德·加
生：1838年，法国巴黎
卒：1893年，法国巴黎

▲ **《希莱尔·德·加肖像》**
埃德加·德加
布面油画，1857年
21英寸×16英寸（53厘米×41厘米）

德加家系

据说德加的祖父希莱尔在革命期间逃离了法国，但他很可能是逃离债务，而不是断头台。在那不勒斯市，他成为一名银行家，婚姻美满并发家致富。1825年，希莱尔派他的儿子奥古斯特在巴黎成立了家族企业的分支机构。奥古斯特模仿贵族将自己的名字改为德加（埃德加30岁时将做相反的事），并遇到了塞莉斯泰因·马森，一位来自新奥尔良的克里奥尔人，其家族因经营棉花产业而致富。1832年7月14日他们在洛雷特圣母院的教堂结婚，并养育了五个孩子，但在他们的大孩子埃德加13岁那年，塞莉斯泰因不幸去世。德加的少年时代深受他的父亲奥古斯特和祖父希莱尔的影响，他们向德加灌输对音乐和艺术的热爱，允许他自由追求内在的激情，同时没有许多同代人所面临的经济上的束缚。

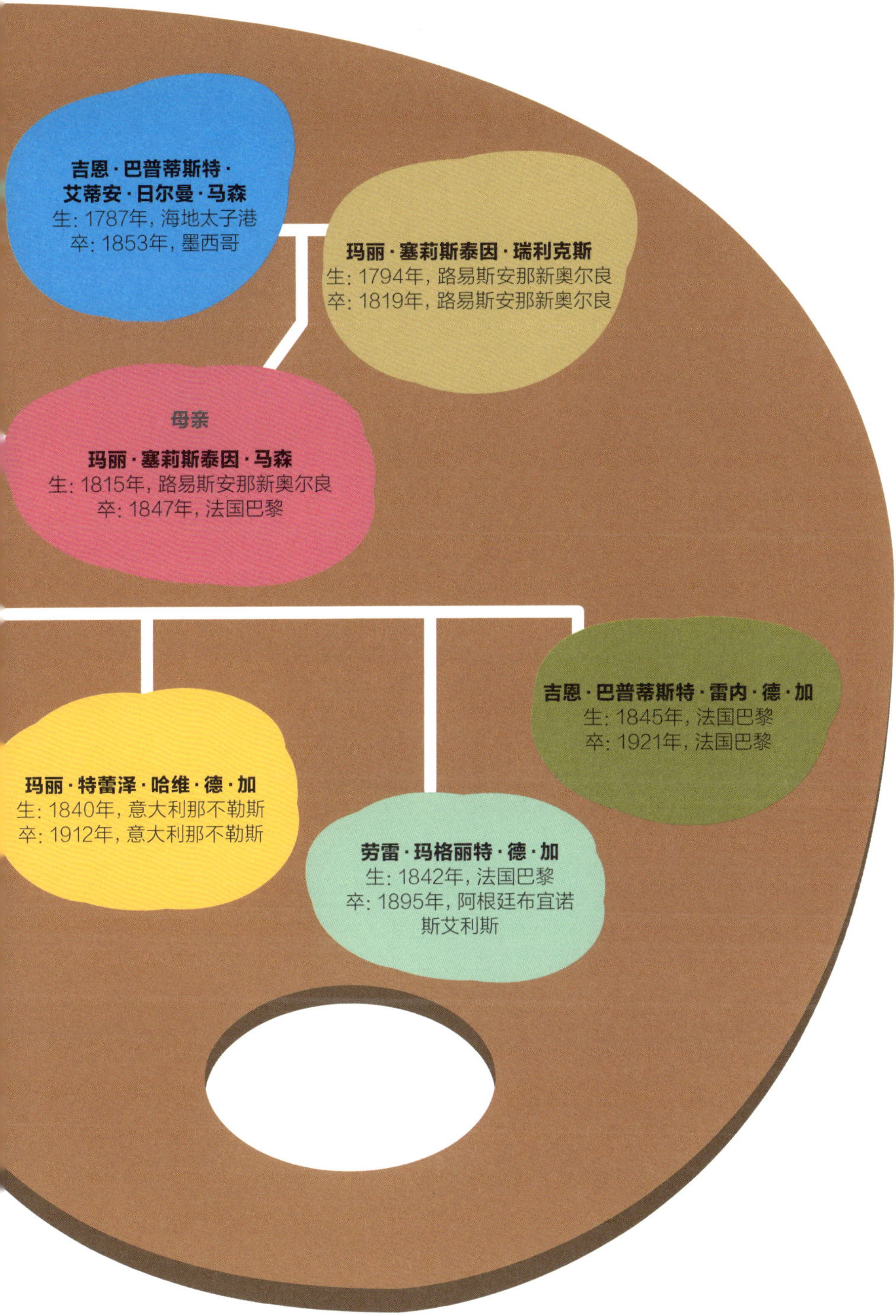
吉恩·巴普蒂斯特·艾蒂安·日尔曼·马森
生: 1787年, 海地太子港
卒: 1853年, 墨西哥
玛丽·塞莉斯泰因·瑞利克斯
生: 1794年, 路易斯安那新奥尔良
卒: 1819年, 路易斯安那新奥尔良
母亲
玛丽·塞莉斯泰因·马森
生: 1815年, 路易斯安那新奥尔良
卒: 1847年, 法国巴黎
吉恩·巴普蒂斯特·雷内·德·加
生: 1845年, 法国巴黎
卒: 1921年, 法国巴黎
玛丽·特蕾泽·哈维·德·加
生: 1840年, 意大利那不勒斯
卒: 1912年, 意大利那不勒斯
劳雷·玛格丽特·德·加
生: 1842年, 法国巴黎
卒: 1895年, 阿根廷布宜诺斯艾利斯

成为一名艺术家

虽然难免有失母之痛，但德加的早年生活依然特别而刺激。他就读于著名的路易大帝中学，在那里他认识了保罗·华尔邦松、亨利·鲁亚尔和卢多维克·哈勒维（阿莱维），并结下了一生的友谊，同时还因娴熟的绘画技能而小有名气。

在21岁时的一次与让·奥古斯特·多米尼克·安格尔会面后，德加决定将追求艺术作为毕生的使命。随后几年里，他遍游意大利，参加沙龙展览，寻找自己的风格，并且和前卫艺术家圈子交往，他们之后被称为印象主义。

1834

7月19日，埃德加·德加出生在巴黎第九区。

1845

进入路易大帝寄宿中学。

1847

埃德加的母亲塞莉斯泰因去世。当时埃德加只有13岁。

1853

3月从路易大帝中学毕业，4月获准临摹卢浮宫里的作品。11月进入法学院。

乔治·欧仁·奥斯曼遵拿破仑三世之命开始了巴黎的重建计划。

1855

遇见画家让·奥古斯特·多米尼克·安格尔，决定放弃法律而追求艺术。

进入路易斯拉莫特高等美术学院，尽管后来并未完成学业。

开始画自画像和家庭成员肖像。

1856

赴游意大利，在那里他将用三年时间学习文艺复兴时期经典作品，并为他的家族成员画肖像。

1858

他的祖父希莱尔去世。

1859

自意大利回国，在拉瓦尔街成立工作室，创作肖像画，并开始画一些历史题材的作品。

1862

遇见画家爱德华·马奈，同时在卢浮宫临摹委拉斯凯兹的《玛格丽塔公主》。

1863

“落选沙龙”展出被沙龙拒绝的前卫艺术，包括马奈和詹姆斯·艾博特·麦克尼尔·惠斯勒的作品。

1865

作品《中世纪的战争场景》首次在沙龙展出。

1866

画作《赛马场景：坠落的骑手》在沙龙展出，意味着创作主题转向现代题材。

1867

参观国际博览会，对所见到的日本木版画和英国画家们倍感兴趣。

1868

经常去盖尔布瓦咖啡馆，一个前卫艺术家圈子碰面的地点，其中包括雷诺阿和莫奈。

第一幅有关芭蕾舞者画作《菲奥克尔小姐像》在沙龙展出。

1855
遇见大师

"研究线条，画大量线条，不管是记忆中的还是自然中存在的。"

——1855年安格尔致德加

▲ **浴女(也被称为瓦平松的浴女)**
让·奥古斯特·多米尼克·安格尔
布面油画，1808年
57英寸 x 38 英寸 (146厘米 x 97厘米)

24岁自画像
让·奥古斯特·多米尼克·安格尔
布面油画，1804年， 30英寸×25英寸(77厘米×63厘米)

1855年，德加通过同学保罗的父亲——收藏家爱德华·瓦尔平松，认识了新古典主义画家让·奥古斯特·多米尼克·安格尔，从安格尔那里学到了线条的重要性，并且仔细研究了结构问题。

“我是画了一些画，但我才刚刚开始。我父亲是一个有品味的艺术爱好者，他认为我不至于完全没有希望。”

——1855年德加致安格斯

▲ **临摹安格尔的《浴女》**
埃德加·德加
素描

艺术家肖像
埃德加·德加
纸上油画，覆涂于帆布，1855年，26英寸×32英寸（65厘米×82厘米）

德加年轻时比其他任何艺术家都更加崇敬安格尔，也更喜欢模仿他。比如，他仿效安格尔《24岁自画像》中的姿势，也画了一张自画像，这正好在他认识安格尔的那一年。

游学意大利

从22岁开始，德加和家人在意大利的那不勒斯和佛罗伦萨住了近三年，并在罗马结识了终身好友古斯塔夫·莫罗。旅居期间，他临摹了很多古典的和文艺复兴时期的作品，同时研究人物和景观，这整整填满了28本写生簿。

他画过历史场景，还画过一些家庭肖像，这为创作《贝莱利家族》（1858——1867）奠定了基础，许多人认为那是他最早的杰作。在逃离了巴黎高等美术学院的正规训练后，他通过在意大利的冒险继续他的学业，研究大师作品、线条和结构——这些都是他的基本工作。

1856年7月

01 那不勒斯

从马赛港出发抵达那不勒斯，和他的祖父希莱尔、婶婶罗莎、斯蒂芬妮一起住在皮涅泰利尼-蒙特莱昂宫。创作他的家庭肖像并研究国家博物馆的藏品，包括古罗马壁画以及提香等文艺复兴时期大师们的作品。德加到周围乡村游玩，并坐船游览索伦托。

02 索伦托

1856年10月

03 奇维塔韦基亚

04 罗马

坐船经奇维塔韦基亚港前往罗马，在美第奇别墅参加晚间研究班。学习的作品包括藏于梵蒂冈的莱奥纳多·达·芬奇的《荒野中的圣杰罗姆》（1482），还有圣彼得大教堂里归于乔托名下的马赛克作品。博尔盖塞别墅和罗马广场也是重要学习对象。在这儿，德加开始画街景。

1857年7月

05 奇维塔韦基亚

06 丰迪

07 加埃塔

离开罗马，返回那不勒斯，中途有停留。

1857年8月

08 那不勒斯

住在卡波迪蒙特他祖父的别墅中，此间画了两幅他祖父的肖像。

1859年 4月 19 里窝那 20 热那亚 21 都灵

离开佛罗伦萨，经陆路返回，4月初抵达巴黎。

1859年 3月

17 锡耶纳 18 比萨

在比萨，德加和朋友古斯塔夫·莫罗在坎波桑托墓地临摹贝诺佐·戈佐利的壁画。

1858年8月

16 佛罗伦萨

住在他姑姑劳拉的贝莱利公寓，在那里他为《贝莱利家族》画了不少草图小稿。他的祖父希莱尔于8月31日在那不勒斯去世，但奇怪的是德加可能并没有回去。研究威尼斯大师的作品，如委罗内塞和乔尔乔纳，并临摹乌菲兹美术馆的藏画。

1858年夏

10 维泰博 11 奥维多

12 佩鲁贾 13 阿西西

14 斯佩洛 15 阿雷佐

1857年10月 09 罗马

回到罗马，临摹西斯廷教堂和卡比托利欧博物馆的藏品。开始创作《大卫和歌利亚》和《罗马女乞》，还有研究科西尼美术馆的克洛德·洛兰蚀刻版画。

丰硕的成果

德加36岁生日那天，拿破仑三世向普鲁士宣战。德加应征入伍，进入国民警卫队。在一次射击训练中，他发现右眼有点问题，视网膜发生病变，这预示着此病将困扰其终生。在军队呆了一段时间后，德加逃往新奥尔良，与母亲娘家人住在一起，在那里他发现了一个工业化的现代美国。

此时的巴黎也处于剧烈变化之中。德加回国后，享受着现代城市带来的愉悦：歌剧、芭蕾舞、音乐会和咖啡馆，这一切驱使他进入一个高产阶段。在中年时期，他参加了八次印象派展览中的七次。他的作品被博物馆收藏，他把生命都献给了艺术。在婚姻上如前所述，他终生未娶。

1870

在普法战争爆发之初，德加进入了国民警卫队，和马奈一起在他的朋友亨利·鲁亚尔的志愿炮兵部队服役。

在沙龙展出《加缪夫人》。

1871

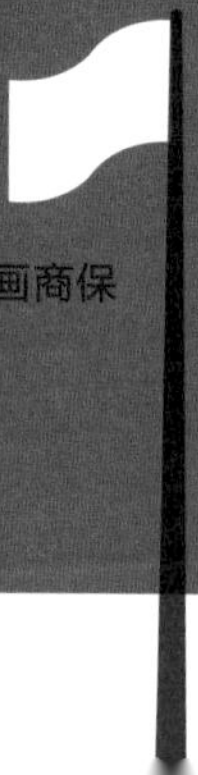

法国投降，巴黎公社成立。

游览伦敦；参观法国艺术展，该展由画商保罗·杜兰德–鲁埃尔策展。

1872

杜兰德–鲁埃尔直接从德加手中买了三幅画。

和弟弟雷内前往新奥尔良，抵达斯科舍。

1873

画《新奥尔良的棉花事务所》。3月份回到巴黎。

“无名画家、雕塑家、雕刻家协会”成立，这就是后来被称为印象主义的画派。

德国军队撤离法国，欧洲和北美陷入长期萧条时期（1873——1896）。

1874

德加的父亲奥古斯特去世，弟弟雷内陷入债务危机。

参加第一次印象派展览，场地设在摄影师纳达尔原来的工作室。

1875

建筑师重新设计的新巴黎歌剧院开放。

1876

参加在杜兰德–鲁埃尔画廊举办的第二次印象派展览。

1877

在第三次印象派展览中展出作品《苦艾酒》和《舞蹈明星》等。

他第一次感到经济压力，而且身体也每况愈下。

1878

德加家族破产。

波城艺术博物馆以2000法郎购买《新奥尔良的棉花事务所》一画。这是他的作品第一次被公共收藏。作品首次在美国展出。

1879

参加第四次印象派展览，展出《费尔南多马戏团的拉拉小姐》等作品。

遇见画家玛丽·卡萨特。

1880

参加第五次印象派展览，展出《证券交易所人像》等作品。开始从艺术创作中获得经济回报。

1886

共有23幅作品在纽约举办的第一届美国印象派画展中展出。

第八届，也是最后一届印象派展览在巴黎举行，他展出了一系列人体作品。

1885

第一次收到安格尔送给他的画。

在迪耶普遇见华特·席格和保罗·高更。

1883

拒绝杜兰德–鲁埃尔为他策划个展，但有七件作品参加伦敦多德斯韦尔的展览。

1882

拒绝参加第七届印象派展览。

赴诺曼底拜访朋友哈勒维斯。

1881

在第六次印象派画展中展出雕塑作品《十四岁的小舞者》，遭受非议，在画派的发展问题上与古斯塔夫·卡勒波特发生争执。

与女性的关系

独身一度被视为一种社会退化的表现，德加的单身生活引来很多猜测。虽然他十分痴迷于女性形体研究，但几乎没有证据表明他曾经和哪个女人发生过关系。旅居意大利期间，他曾写过想找“一个好妻子”，但似乎又放弃了这个想法，而将一生献给了艺术。他后来也写到对单身的遗憾。他的一些作品表明他对两性关系的焦虑，而且他的人体作品曾被指责冷酷无情和有窥私欲，但在他的私密肖像中，他巧妙地捕捉到女性细微的情感，展现出她们的个性。他与印象派圈子里的几位女画家保持着密切的关系——尤其是玛丽·卡萨特——并对她们的工作大力支持。

妹妹

特蕾泽·德·加
嫁给表哥埃德蒙多·莫比里

母亲

塞莉斯泰因·马森
在德加13岁时去世

妹妹

玛格丽特·德·加
据说她是德加最喜欢的模特

外甥女

珍妮·费夫尔
玛格丽特的女儿，照顾德加的晚年生活

姑姑

劳拉·贝莱利
德加在佛罗伦萨时画过她的家庭

表妹和弟媳

埃斯特尔·马森
他的弟弟雷内的妻子

玛丽·卡萨特
德加最亲密的女性朋友

罗斯·卡隆
德加十分欣赏她的优雅

玛丽·布拉克蒙
德加和莫奈都是她的指导老师

苏珊娜·瓦拉登
相互赏识且气味相投

贝尔特·莫里索
德加是她及其家人的忠诚朋友

玛丽·桑拉维尔
巴黎歌剧院首席芭蕾舞演员

玛丽·凡·格特姆
被戏称为“小老鼠”，《十四岁的小舞者》的原型

萨宾·奈特
德加的女管家兼模特

布兰奇和苏珊娜·曼特
芭蕾舞学员，她们的父亲在巴黎歌剧院交响乐团任职

关键词 家庭 团队成员 艺术家 舞者 歌手

出名与遁世

1887

停止参加群体展览。
开始满怀热忱地构建自己的艺术收藏。

1895

他的妹妹玛格丽特去世。
买下保罗·高更的《神日》，同时还买下凡·高、塞尚和德拉克洛瓦的作品。
用摄影方法做实验，画朋友哈勒维的肖像。

1896

卡耶博特遗赠七幅德加作品给卢森堡博物馆。

1889

艾菲尔铁塔建成。

1894

发生德雷福斯事件。
法国国内产生意见分歧，德加支持判决。

1897

他的反犹主义倾向使得他与持自由主义和犹太族朋友们的关系逐渐疏远，包括哈勒维。

1892

德加的首次个展在杜兰德－鲁埃尔画廊举行。
需要佩戴一个奇怪的视觉装置来增强他的视力。

1893

弟弟阿希尔去世。

1905

在杜兰德－鲁埃尔策划的伦敦格拉夫顿画廊的展览中展出35件作品，同时参展的还有塞尚、布丹和印象派画家。

1910

开始蓄发蓄须。

1911

在哈佛大学福格博物馆，举办有生之年的第二次个展，也是最后一次。

1912

被迫离开自1890年以来一直居住的公寓。因搬家而变得沮丧，且不再工作。

他妹妹特蕾泽和朋友亨利·鲁亚尔去世。

鲁亚尔的藏品被出售，《把杆的舞者》创下478000法郎的纪录。

1908

已疏远的原密友卢多维奇·哈勒维去世。

1913

玛丽·卡萨特写道，德加仅存驱壳。

1916

卧床不起。

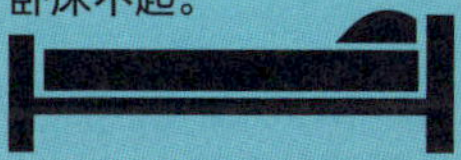

1906

德雷福斯被赦免。

1914

第一次世界大战爆发。

1917 9月27日德加在家中去世，享年83岁。

德加生命的最后20年苦乐共存。他的作品比以往任何时候都更受崇敬、更有价值，相比那些与他一起参加印象主义展览的画家，德加的作品显得更加不受风格限制，也更具讽刺意味。他在摄影、独幅版画和雕塑实验中找到很多兴奋点，而且收藏了大量艺术品。

艺术家对晚境颇感凄凉。几个密友的去世使他觉得孤单，缺乏亲近的人际关系以及他的反犹主义倾向，更增加了他的孤独感。随着视力和健康的迅速恶化，他变得越来越孤僻、忧郁和懊恼。1912年，当被迫搬出他心爱的公寓时，他即不再工作。五年后便去世了。

德雷福斯事件

阿尔弗雷德·德雷福斯（1859——1935）是一名犹太籍法国炮兵上尉。1894年，德国大使馆的一名法国间谍发现一封被撕毁的信，推测出自德雷福斯之手，德雷福斯因此被指控把国家军事机密泄露给德国人。他以叛国罪被判处终身监禁，并遭受公众高呼“处死叛徒，处死犹太人”之辱。1896年，真相大白，真正的叛徒是艾斯特哈齐少校。

1898年，艾斯特哈齐被军事法庭判处无罪，随后逃离法国，这一结果被爱弥尔·左拉等德雷福斯的支持者称为军事掩护。1899年，德雷福斯再次受到军事法庭的审判，几天后被赦免，最后在1906年被宣告无罪。德雷福斯事件加剧了法国的分裂并鼓动了社会歧视。这使得德加反犹主张愈加明显，使他疏远了圈子中的很多朋友，包括终身好友犹太人卢多维奇·哈勒维。

德雷福斯的支持者

（德雷福斯的护卫者）

德雷福斯被囚禁在法属圭亚那的魔鬼岛。

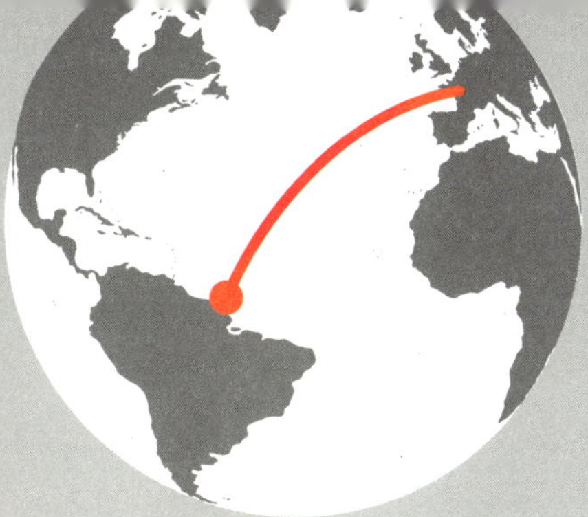

埃德加·德加

保罗·塞尚

保罗·瓦莱里

亨利·鲁亚尔

德雷福斯的反对者

（德雷福斯护卫者的反对派）

德加之死

日期：
1917年9月27日

年龄：
83岁

死因：
脑动脉瘤

墓志铭：
“他深深地爱着绘画”

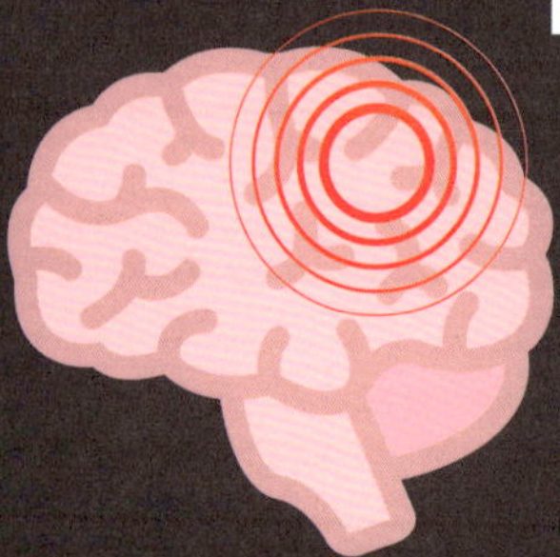

葬礼：
克劳德·莫奈、玛丽·卡萨特，路易丝·哈勒维和安博洛伊斯·沃拉德参加了葬礼。

根据德加意愿，没有安排致辞。

葬在蒙马特公墓的还有：
画家古斯塔夫·莫罗（1826——1898）

作家亚历山大·仲马（见上方图）（1802——1870）

作曲家赫克托·柏辽兹（1803——1869）

安葬地点：
德加在巴黎克里希大街6号去世，葬于该市蒙马特墓地的家族墓室。

埃德加·德加

02
世界

“尽管我的心尚有造作之处，但舞者已将它缝入粉红的锦囊，如她们的舞鞋，渐渐褪色。”

——埃德加·德加致保罗·阿尔伯特·巴索洛姆，1886年1月17日

除旧布新

1872年德加到达新奥尔良，逃离了炮火的喧嚣，并发现一个现代化和工业化的美国。他在那里呆了五个月，创作了一系列有关他母亲家族和棉花贸易的作品，这一家族正是通过棉花买卖积累了财富。《新奥尔良的棉花事务所》画的就是马森家族的棉花经营场所，以及14位正在工作的男人。

这幅画有一个商业目的：德加一直关注英国的艺术市场，他希望通过经销商托马斯·阿格纽的关系，让曼彻斯特纺织厂老板对工业题材产生兴趣。他在致朋友詹姆斯·迪索的一封信中写道："如果有棉厂老板想找一位画家，我就是他要找的那个人。"但是画中的男人都是谁呢？

- **舅舅迈克尔·马森**
- **弟弟雷内·德·加**
- **弟弟阿希尔·德·加**
- **会计约翰·黎沃戴斯**
- **马森的女婿威廉·贝尔**
- **马森的合伙人詹姆斯·普雷里奇**

▲ **新奥尔良的棉花事务所**
埃德加·德加
画布油画，1873年
29英寸×36英寸（73厘米×92厘米）

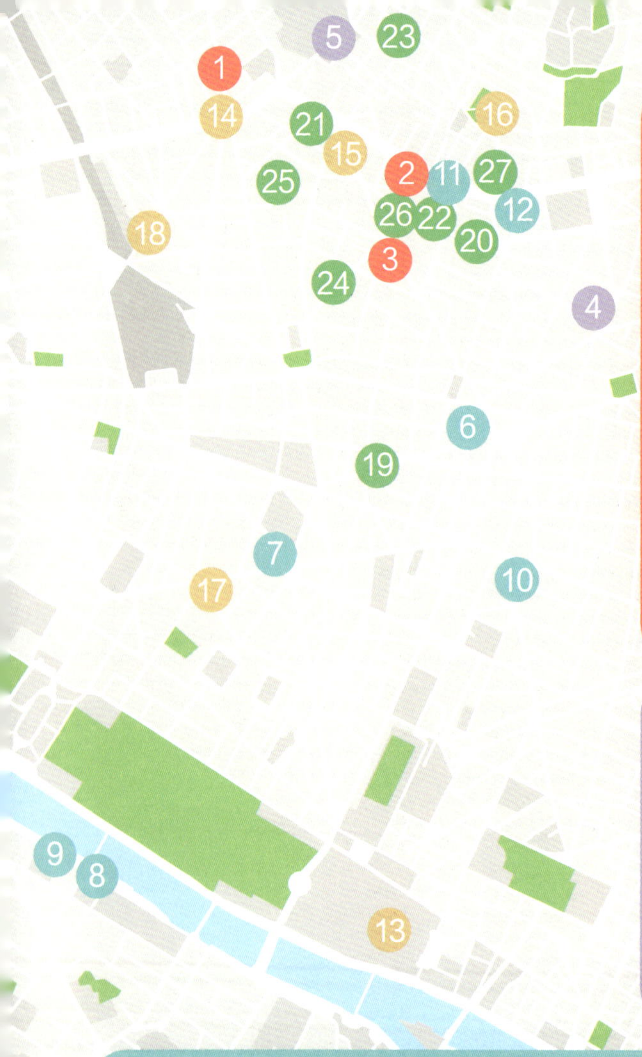

1 盖尔布瓦咖啡馆，巴蒂诺尔大街11号（现在的克利希大街9号）
马奈、德加等印象派圈子最初集会的地方

2 新雅典咖啡馆，皮加勒广场9号
巴黎公社之后印象派成员最喜欢去的咖啡馆

3 罗什福科咖啡馆，拉·罗什福科街49号
德加及其他艺术家们与模特见面的地方

4 洛雷特圣母院，肖龙路8号
德加在此受洗，也是他父母举行婚礼的教堂。

5 蒙马特公墓
瑞秋大街20号，德加的墓地

6 佩尔蒂埃厅，佩尔蒂埃第一大街
1821——1873年巴黎歌剧院旧址，直到被烧毁。

7 加尼叶歌剧院，歌剧院广场7号
1875年起为巴黎歌剧院所在地

8 大使咖啡馆，加布里埃尔大街1号
餐厅和夜总会

9 夏日城堡，加布里埃尔大街8号
咖啡厅、音乐会场地

10 游艺剧院，蒙马特大街7号
在爱弥儿·左拉小说《娜娜》中有相关的描述

11 “鼠疫”卡巴莱，皮加勒广场7号
继“黑猫”之后鲁道夫·萨利斯创办的卡巴莱歌舞会所

12 费尔南多杂技团，罗什舒阿尔大道63号
德加在此做了很多有关杂技团的研究

德加的巴黎

在德加生活的年代，巴黎发展成为一个现代化大都市。撩人心扉的娱乐场所如雨后春笋般在这个城市周围涌现。至1863年前后，大约有300家剧院提供各种档次的娱乐节目。德加居住的第九区被这些新场所包围着，这倒给他的创作提供了丰富的素材。

他画芭蕾舞演员、咖啡馆和音乐厅的歌手、杂技团的表演者，当地的妓院成为一系列独幅版画和模特的来源（虽然没有线索证明德加沉迷于此）。蓬勃发展的咖啡馆文化也使他有机会与志同道合的艺术家和思想家们进行交流和争论。

关键词

咖啡馆

宗教场所

娱乐

艺术

德加的家

13 卢浮宫
德加在这里学习并临摹偶像和大师们的作品

14 赫纳昆，巴蒂诺尔大街（现在的克利希大街9号）
画材店

15 腿甲酒店，皮埃尔枫丹街31号
绘画和摄影器材商店

16 安左利，拉维厄维尔街4号
装裱店

17 卡皮西纳大道35号
第一次印象派展览地点，原为摄影师纳达尔的工作室

18 爱德华·马奈工作室 圣彼得堡大道4号

19 圣乔治街8号
德加出生地

20 拉瓦尔街13号（1887年改名为维克多马斯街）
1859——1872年间德加的第一个住所和工作室

21 布兰奇街77号
1872——1876年间的住所兼工作室

22 弗罗绍街4号
1876——1877年间的住所兼工作室

23 勒皮克大街50号
1877——1882年间的住所兼工作室

24 让·巴蒂斯特·皮嘉尔街21号
1882——1990年间的住所兼工作室

25 布洛涅大道18号（现在是巴卢大道23号）
1890年的住所兼工作室

26 维克多马西大道37号
1890——1912年间的住所兼工作室

27 克利希大道6号
1912——1917年，德加最后的住所，在那里德加没再工作过。

印象派展览

经常在盖尔布瓦咖啡馆集会的画家们，通过八次画展，表明他们已经独立于沙龙之外，他们自称“无名的画家、雕塑家、版画家协会”。因为莫奈在1874年第一届画展中展出了作品《日出·印象》，艺术评论家路易斯·勒鲁瓦讽刺性地给他们贴上了“印象派”的标签。1877年的第三届画展采用了“印象派”这一称谓，德加对此极力反对，他宁愿被认为是一位独立画家。关于画派的未来，德加也与其他成员意见相左，特别是古斯塔夫·卡耶博特。尽管另外一些重要艺术家的参展态度有过波动，但德加却参加了八次展览中的七次。

1874年第一届印象派画展

参展艺术家：30人
参展作品数量：165件

参展艺术家：

- 古斯塔夫·卡耶博特
- 玛丽·卡萨特
- 保罗·塞尚
- 埃德加·德加
- 保罗·高更
- 克劳德·莫奈
- 贝尔特·莫里索
- 卡米耶·毕沙罗
- 皮埃尔·奥古斯特·雷诺阿
- 阿尔弗莱德·西斯莱
- 其他艺术家

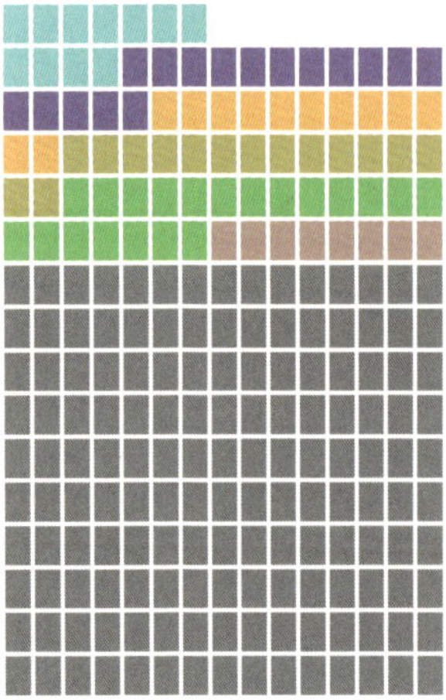

1880年第五届印象派画展

参展艺术家：19人
参展作品数量：232件

1876年第二届印象派画展

参展艺术家：20人
参展作品数量：252件

1877年第三届印象派画展

参展艺术家：18人
参展作品数量：230件

1879年第四届印象派画展

参展艺术家：15人
参展作品数量：246件

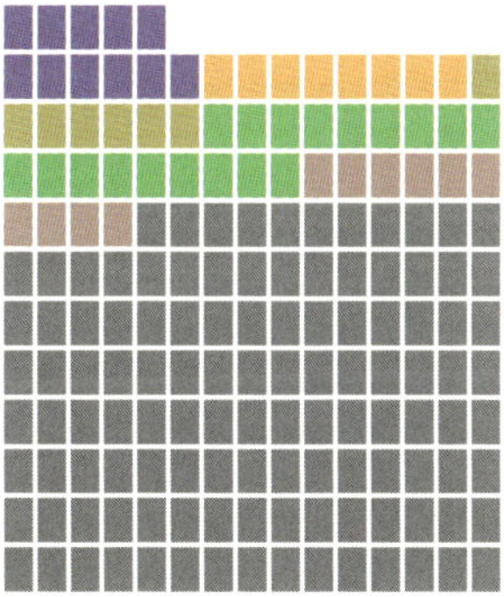

1881年第六届印象派画展

参展艺术家：13人
参展作品数量：170件

1882年第七届印象派画展

参展艺术家：9人
参展作品数量：203件

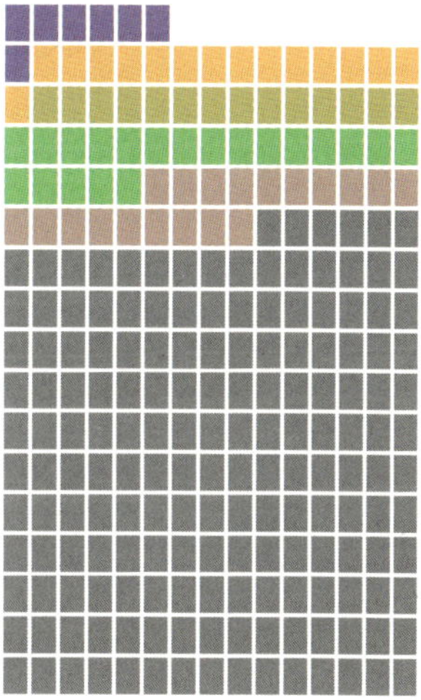

1886年第八届印象派画展

参展艺术家：17人
参展作品数量：246件

埃德加·德加

1834—1917

享年

83岁

工作年限

57年

（1855—1912）

大约1862年，德加在卢浮宫临摹委拉斯凯兹的《玛格丽塔公主》时认识了马奈。虽然他们的友谊建立在相互尊重的基础上，但是有时关系也很紧张，甚至彼此恶语相向。一开始，马奈因加入“落选沙龙”而享有盛名，他的光环掩盖了德加。但到了1880年初期，德加便声名鹊起。

尽管二者的生活和工作存在差异，但也不乏共通之处——他们有同样的特殊背景，即一起在普法战争中服役过，尤为重要的是，他们都倡导把现代生活视为高雅艺术的正当主题。

影响：

安格尔，德拉克洛瓦、杜米埃

风格：

兼具现实主义和印象主义

最高价作品：

《休息中的舞者》，1879年，在2008年以

3700

万美元成交

主题：

芭蕾舞，咖啡馆文化，赛马，工作中的女性，裸体

健康：

在30多岁时视网膜病变，83岁死于脑动脉瘤

婚姻：

未婚

爱德华·马奈
1832—1883

影响：
弗朗斯·哈尔斯、委拉斯凯兹、戈雅

风格：
兼具现实主义和印象主义

主题：
城市中产阶级的休闲生活，咖啡馆文化，战争，巴黎街景，裸体

最高价作品：
《珍妮（春天）》1881年，在2014年以
6150
万美元成交

工作年限
26年
(1856—1882)

享年
51
岁

健康：
大概45岁左右腿部疼痛且部分瘫痪，51岁时因坏疽导致左脚截肢后去世

婚姻：
1863年与荷兰籍钢琴老师苏珊妮·蕾荷芙结婚。她的私生子里昂出生于1852年，据闻马奈视如己出，但很可能由他的兄弟抚养

收藏家

德加收藏了大量艺术品，这些藏品也折射出他的品位和交往圈子。德加痴迷于此，或者花钱购买，或者用自己的作品交换，藏品把三层公寓堆得满满的。他曾打算建一个公共博物馆，但最终放弃了“德加博物馆”的想法。在他去世后两年，这些藏品分三次出售给全球收藏家和博物馆。即便在第一次世界大战期间，这也是一则值得报道的事件，当然其售价也是前所未有的。

20幅画作和88件安格尔的素描

8000

包括德加自己的作品，藏品数量高达8000余件。

13幅画作和超过200件德拉克洛瓦的纸本作品

1605075法郎
（320000美元）

第一次藏品售出总价，包括其他艺术家的主要画作和纸本作品，共计1605075法郎（320000美元）。

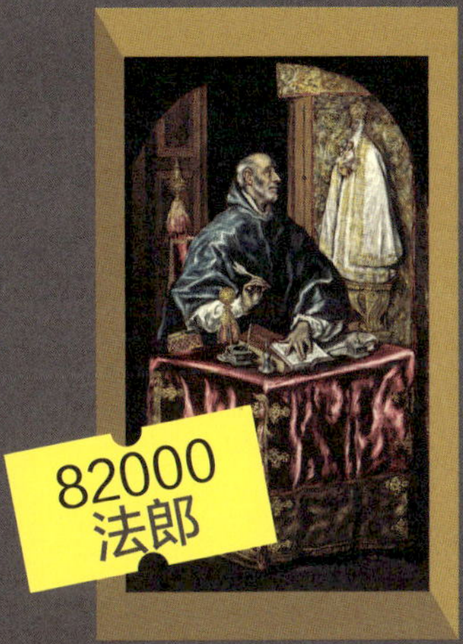

▲ **《圣·伊尔德丰索》**
埃尔·格列柯
布面油画，1603——1614年
44英寸×26英寸（112厘米×66厘米）
购于1894年，2000法郎

▲ **《路易斯·奥古斯特·施瓦特》**
欧根·德拉克洛瓦
画布油画，1826——1830年
86英寸×56英寸（218厘米×144厘米）
1895年以他自己的三幅价值12000法郎的粉彩画换得

▲ **《雅克·路易·勒布朗》**
《雅克· 路易·勒布朗夫人》
让·奥古斯特·多米尼克·安格尔
布面油画，1823年
48英寸×38英寸（121厘米×96厘米）和47英寸×37英寸（119厘米×93厘米）
1896年分别花了3500法郎和7500法郎购得

女性工作：
洗衣女工

德加的核心主题是巴黎的女性劳工，她们的生活与德加所属的中产阶级之间有一道长长的藩篱。她们从事着复杂和辛苦的工作，德加则致力于表现她们的举止、衣着和体态。洗衣女工是首选主题。19世纪末有一些工业化的洗衣店，但大多数规模较小，只有一到四名工人，她们的生活和工作条件都十分恶劣，承受长时间工作、疾病和酗酒等痛苦，而且收入很低。19世纪巴黎的洗衣女工到底要面对怎样的生活？

▲ **《熨衣女》**
埃德加·德加
布面油画，1876——1887年
32英寸 x 26 英寸 (81厘米 x 66 厘米)

工作日：

洗衣女工一般5点起床，工作到晚上11点，平均每天工作15——18小时。1900年通过了一项法律，规定所有妇女和18岁以下的儿童每天工作10小时，但小型企业并不怎么遵守这一规定。

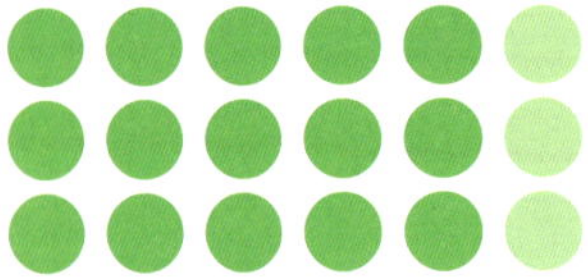

早上5点开始

晚上11点结束

= 每天工作时间

1881年每天平均工资：

纺织厂老板：
5000法郎

医生：
20法郎

绣工：
4.25法郎

女帽工/女裁缝：
7法郎

火柴工/蜡烛工：
1.5法郎

针线女工：
2法郎

蕾丝工：
3法郎

洗衣工：
3.25法郎

条件

洗衣店面临严重的烧伤和窒闷环境导致的疾病等危险，另外化学颗粒的吸入还可能导致支气管炎、肺结核以及腹部、喉部病症。

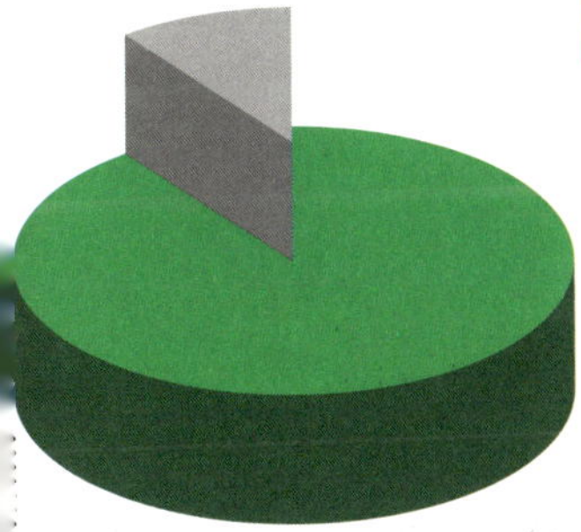

90%

洗衣女工有两个房间：一个工作，另一个睡觉。

熨斗的平均重量：

5磅

在难以忍受的高温下挥动

为了保持平衡，洗衣妇要在臀部绑上重达

20磅

的亚麻布，还要走很长的距离

赛马的兴起

18世纪后期，赛马这项“王者的运动”从英国传入法国，并在英法关系趋于缓和的七月王朝期间（1830——1848）盛行起来。赛马的兴起与德加作为一名艺术家的崛起正好处于同一时期，而此项运动便成为他的创作主题之一。法国一些主要赛马场分布在巴黎的周边，而战神赛马场则在巴黎市中心。合理的票价吸引着各个阶层的观众，因而观看赛马便成了最普遍的现代生活场景之一。

1775

在萨布隆平原举行的一场赛马，出席者有王室和巴黎西北部的廷臣。这被认为是法国第一场真正的赛马。

1776

第一个赛马场，或者叫“竞技场”，在萨布隆平原开张。第一场赛马会在枫丹白露举行。

1781

巴黎郊外的万塞纳赛马场开张。

1796

法国大革命之后，赛马在巴黎市中心的战神赛马场再次兴盛起来。

1806

战神赛马场正式开放。

1826

原法国赛马俱乐部成立。

1828

法国第一本优良马种登记簿创立。

1834

尚蒂伊赛马场开放，法国赛马俱乐部在此落户。皇家大奖赛设立于战神赛马场。

1836

第一届尚蒂伊德比赛马举办，这相当于英国的埃普索姆德比。

1857

隆尚赛马场开放，成为法国首屈一指的赛马场。

1863

第一届巴黎大奖赛在隆尚举行。

03 作品

“画了很多。哦！绘画多么美啊！”

——埃德加·德加，第23本笔记本，第45页，记录于1868年至1872年

媒介

德加是一位伟大的实验者，热衷于尝试新的技术和媒介，这里展示的是一些主要的项目及其大概的时间。用石墨、木炭和粉笔画画是他的基本工作。当他用油彩时，偶尔会将其沥干，与松节油混合制成自由流动的“香精”，并经常涂上其他介质以增强效果。当他的视力严重衰退后，他几乎完全放弃了油画而转向粉彩，同时也转向雕塑。

习作《挠背的舞者》
埃德加·德加
木炭和白粉笔，1874年

绘画 (1853——1910年)

油画 (1855——1900年)

色粉 (1875——1907年)

蚀刻版画(1856——1865) 和 (1875——1892)

独幅版画(1874——1886)和(1890——1893)

摄影(1895——1896)

雕塑(1880——1910)

《玛丽·卡萨特在卢浮宫》
伊特鲁里亚美术馆
埃德加·德加
软底蚀刻
铜版画，凹版蚀刻，1879—1880年，11英寸x 9英寸（26厘米x24厘米）

▲《加缪女士》
埃德加·德加
布面油画，1869——1870年
29英寸 x 36英寸（73厘米 x 92厘米）

▲《舞台上的芭蕾舞者》
埃德加 · 德加
色粉，1883年
24英寸 x 19英寸（62厘米x 47厘米）

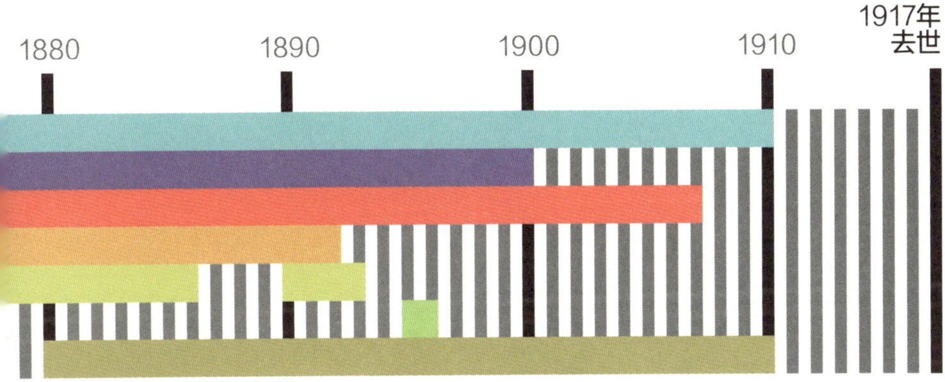

▲《路》
埃德加 · 德加
宣纸独幅版画，1878/1880年
6英寸×7英寸
（16厘米×18厘米）

▲《卢多维克 · 哈勒维肖像》
埃德加 · 德加
明胶银印
1895年，3英寸×3英寸
（8厘米×8厘米）

▲《第四种向前的姿势，左腿站立》
埃德加 · 德加
蜂蜡，木制底座金属制，
约1885/1890年

艺术渊源

现实主义

19世纪中叶，在库尔贝的领导下，法国出现了与浪漫主义相对立的现实主义。现实主义艺术家们注重日常主题，而非历史或想象中的场景，并强调作品中的线条和细节。

《年轻的乡村夫人》
古斯塔夫·库尔贝
1851——1852年

新古典主义

从18世纪开始流行的新古典主义，从古希腊和罗马获得灵感。德加临摹了大量古典作品以及他的偶像安格尔的画作。安格尔是新古典主义艺术运动后期的执牛耳者。

《雅克·路易·勒布朗夫人》
让·奥古斯特·多米尼克·安格尔 1823年

现代生活

1865年德加放弃了历史画，转而从周围快速变化的世界中汲取灵感：城市休闲生活，比如赛马、咖啡馆、音乐会、芭蕾舞和职业女性。

《红磨坊里的英国人》
亨利·德·图卢兹·劳特累克，1892年

摄影

德加的成长正好是摄影技术发展的时期，1877—1878年间，摄影师爱德沃德·迈布里奇对动物运动的研究风靡一时。德加有很多画作是效仿凝固的瞬间。

《动物的运动姿态》
爱德沃德·迈布里奇，
1878——1879年

日本版画

德加是日本浮世绘（浮华世界的图像）的狂热收藏者，并且挪用了它们不对称的构图、大胆的线条、创造性的剪裁和不寻常的视角。

《神奈川巨浪》
葛饰北斋，
1830——1832年

浪漫主义

作为现实主义的对立面，浪漫主义画家专注于个体和异国情调，通过色彩和松弛的笔触来表达情感和想象力。欧仁·德拉克洛瓦是19世纪早期法国浪漫主义的主要倡导者。

《绑架丽贝卡》
欧仁·德拉克洛瓦，
1846年

文艺复兴

德加尊崇文艺复兴时期的大师，如拉斐尔、列奥纳多、提香和米开朗琪罗。他的职业生涯开始于在卢浮宫临摹他们的作品，他旅意期间那些早期创作也是模仿他们的。

《圣母子》
提香，约1508年

1856——1860年，德加临摹的700件其他作品

1853——1873 年，肖像画占了德加所有画作数量的一半。

关于《贝莱利家庭》

也被称为《家庭肖像》，这幅大尺寸作品被认为是德加早期的杰作，描绘了他的姑姑劳拉及其丈夫热纳罗·贝莱利男爵，以及他们的女儿朱利亚和乔凡娜。贝莱利一家当时正流亡佛罗伦萨，德加在意大利时便住在他们家里。画面通过女性主体的金字塔构图和孤立父亲与丈夫形象，从而生动地捕捉到了他们之间紧张和异常的关系。

▲ **贝莱利家庭**
埃德加·德加
布面油画， 1858——1867年
79 英寸x 98英寸
(200厘米x 250厘米)

画面右下角的家犬正在逃离现场，根据评论家阿瑟·丹托的说法，这只狗“在事件爆发之前偷偷溜出去了”。

劳拉和她的女儿都穿着黑色的衣服，以哀悼他们的父亲和祖父希莱尔，墙上挂着用红色粉笔画的祖父的肖像。相反，热纳罗则穿得很随便。

1858年

这一年德加开始创作这幅作品，此前他做了一系列准备工作，比如朱利亚（右）的草图。但其完成时间不详。

1867年

这一年此画在沙龙展出。德加一直将它带在身边，直到1913年他最后一次搬家。

▲ **《朱利亚·贝莱利》**
埃德加·德加
纸本，精油和石墨，
约1858——1859年
14英寸×10英寸
（36厘米x 25厘米）

德加绘制了一面镜子、门和窗户，以开放画面空间，也暗示了更深的心理语境。

尺寸：

79 英寸X 100英寸

(200厘米X 253厘米)

400000 法郎

1918年，卢森堡博物馆花了40万法郎买下了这幅作品。

“相比之下，你知道热纳罗那可憎的天性，又没有正当的职业，和他一起生活很快就会让我崩溃。”

——1860年劳拉·贝莱利致埃德加·德加

德加创作了大约1500张芭蕾舞者的习作

关于《芭蕾舞课》

这幅画以及另一幅同名作品，也许在所有德加的舞者肖像中最具表现力的。它描绘的是舞蹈课即将结束，受训的芭蕾舞者正在等待教练下指示，有的在抓挠，有的在拉伸。在获准进入排练室和歌剧院后台的人员中，德加是唯一可以展现舞者的私密瞬间的艺术家。这件作品的复杂构图在于，前景中的舞者正转身背对观众，这让我们觉得我们也是这一堂课的见证者。

▼ **《芭蕾舞课》**
埃德加·德加
布面油画，1871——1874年
33英寸x 30英寸 (85厘米x 75厘米)

老师是传奇芭蕾舞大师尤利斯·佩洛特，他是德加的熟人，画中他拿着指挥棒，并用它在地板上打节拍。

背景

背景是佩尔蒂埃厅，从1821年到1873年毁于大火止，它是巴黎歌剧院的所在地，后被加尼叶歌剧院所取代。

画中共有17名舞者。这些被称为“小老鼠”的学员，绝大多数把学习芭蕾作为摆脱贫困的途径，希望将来成为一流的芭蕾舞演员。你可以看到一些学员母亲在后台，正在观看并安慰她们的女儿。

歌剧芭蕾舞团的常任成员人数是

200人

姐妹篇

这幅画是1874年的《舞蹈课》（上图）的另一个版本。

是歌手让·巴蒂斯特·福勒委托创作的，现藏于纽约大都会艺术博物馆。

尺寸：

33英寸 X 30英寸
(85厘米 X 75厘米)

“人们叫我舞女画家。他们从没想到，我之所以画舞者是因为我的主要兴趣在于表现动态和描绘漂亮的衣服。”

——德加，引自《德加：一幅亲密的肖像》，安博洛伊斯·沃拉德著，1927年

德加的维恩图解

喜欢户外写生

自发的

直接描绘生活

注重色彩

偏好自然光

印象派画家

率真的姿势

鲜明的色彩

可见的笔触

《散步》，又名《撑阳伞的女人》
克劳德·莫奈
布面油画，1875年
39英寸×32英寸（100厘米×81厘米）

"我们竟允许自己被称作印象派，太遗憾了！"

——1907年埃德加·德加致印象派画家阿尔芒·吉约曼

“没有谁的艺术比我的更自觉了。”

——埃德加·德加，引自《印象和观点》，乔治·摩尔著，1891年

▲

《穿警官制服的阿希尔·德·加》
埃德加·德加
布面油画，1856/1857年
25英寸x 18英寸（64厘米x 46厘米）

德加

不对称构图

以现代生活为主题

捕捉动感

偏爱室内作画

计划细致

创作素材来自研究或记忆

注重线条

偏爱人造光

关于《苦艾酒》

19世纪后期，苦艾酒在法国大受欢迎，波西米亚式人士对它更是情有独钟，这激起了保守团体的愤怒。虽然人们对《苦艾酒》的看法存在分歧，但指责它是伤风败俗者占大多数。此画在警示酒能乱性的禁酒运动中受到抵制。《苦艾酒》是对悲伤及社会冷漠的现代环境的一种探索，苦艾酒是用来逃避苦闷的。

▲ **《苦艾酒》**
埃德加·德加
布面油画，1875——1876年
36英寸x 27英寸 (92厘米x 68厘米)

6

这幅画曾经取过六个题目。最初展览时名为《一张法国咖啡馆的草图》，还被称为《咖啡馆里的人物》《在咖啡馆》《喝苦艾酒的人》《一杯苦艾酒》，最后才是《苦艾酒》，此时距它完成已经17年了。

模特

画中的女子叫艾伦·安德莉，是一名演员，印象派画家们的“缪斯”，在马奈《李子白兰地》（1877年）和雷诺阿《游船上的午餐》（1880——1881年）中饮酒的女子也是她。那位男性顾客是马塞兰·德斯布丹，一位肖像画家兼版画家，马奈《艺术家》(1875年)画的就是他的肖像。两位模特发现此画有损他们的声誉，因此德加不得不通过舆论宣称他们并非酒鬼。

“天哪！真是个荡妇！她一脸的懒散和堕落；在那能看到她的一生。这个故事令人不快，但它是个教训。”

——乔治·摩尔，《演讲者》，1893年2月25日

尺寸：

36英寸X 27英寸
(92厘米X68厘米)

背景

这个场景是位于蒙马特皮加勒广场的新雅典娜咖啡馆：一个波西米亚式的文化人经常聚会的场所，如德加、卡米耶·毕沙罗、乔治·修拉以及其他前卫艺术家和思想家。

这幅画在1876年首次公开亮相招致非议后，16年中从未出现于公众视线之内。当1892年和1893年再次展出时，又引来一片嘘声。

对色彩的热爱

尽管在职业生涯初期，德加总是用深色颜料，令人联想到荷兰绘画。但很快他便开始深爱上色彩，他早期的一幅作品《年轻女子与朱鹮》对此已有所暗示。随着年龄的增长和视力的衰退，他选择的色彩变得越来越鲜艳。

《罗马女乞》
埃德加·德加
布面油画，1857年
39英寸x30英寸(100厘米x75厘米)

《年轻女子与朱鹮》
埃德加·德加
布面油画， 1860——1862年
39英寸x 30英寸(100厘米x75厘米)

《埃德蒙多和特蕾泽·莫比里》
埃德加·德加
布面油画，1865年
46英寸x 35英寸 (117厘米x 90厘米)

《舞台上的两个舞者》
埃德加·德加
布面油画，1874年
24英寸x 18英寸
（62厘米x46厘米）

《费尔南多马戏团的拉拉小姐》
埃德加·德加
布面油画，1879年
46英寸x 31英寸
（117厘米x78厘米）

《赛马手》
埃德加·德加
布面油画，1882年
10英寸x 16英寸（26厘米x 40厘米）

《浴后（擦干身体的女人）》
埃德加·德加
布面油画，约1896年
35英寸x 46英寸
（90厘米x117厘米）

《后台（蓝色舞者）》
埃德加·德加
纸本色粉，约1898年
26英寸x 26英寸
（65厘米x65厘米）

《女帽店》
埃德加·德加
牛油纸，色粉，约1905——1910年，36英寸x 30英寸
（91厘米x75厘米）

埃德加·德加　早期作品

《塞米勒米斯建造巴比伦》
埃德加·德加
画布油画，1861年
59英寸×101英寸（151厘米×258厘米）

历史题材作品

主题：
神话：亚述塞米勒米斯女王，站在幼发拉底河岸上，正在认真思考建造巴比伦。德加在职业生涯的初期创作了一些历史题材的作品，以取悦于沙龙。

构图：
传统：以传统的透视法充分表现人物形象，并将其置于画幅的中心。

技法：
追随古典大师，线条、构图和表面上的精确的自然主义表现。

色调：
柔和，昏暗。

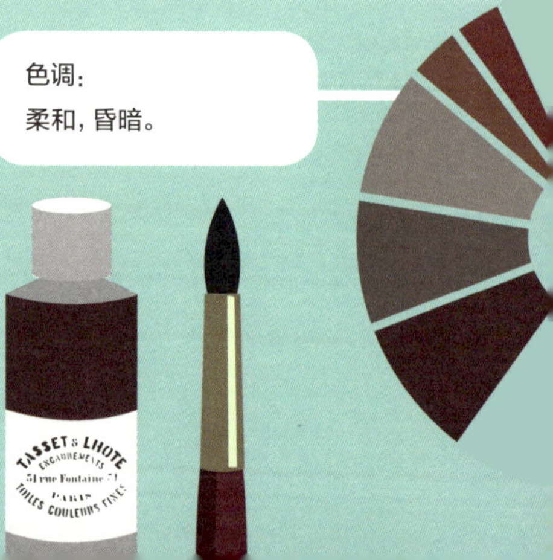

后期作品

拿一件晚期的作品与早期的比较，可以发现德加在风格、创作手法和色彩倾向上的明显变化。

《舞者》
埃德加·德加
纸本色粉，1898年
29英寸x 24英寸（74厘米x61厘米）

印象主义

主题：
当代：三名芭蕾舞者严阵以待，动静自若。当德加从历史题材画作转向描绘现代生活场景后，芭蕾舞成了他的主要题材。

技法：
以平行笔触表现色粉的活力，指向抽象。

构图：
非对称：其中一个舞者被裁剪，前景中的道具树干有助于协调三人组的画面。

色调：
鲜艳，突出亮白。

多介质女孩

由于视力衰退，德加开始转向触觉雕塑，即把雕塑作为表现形态和动感的手段。他一生中只展出过一件这样的作品，《十四岁的小舞者》。在1881年第六次印象派画展中首次展出该作品时招致非议，其真实性被许多评论家指责为丑陋不堪。德加将各种非传统材料用于雕塑复杂的结构之中：都有哪些呢？

外部

主要材料

- **人的头发**
- **丝绸带**
- **锌制按钮**
- **棉布**
- **丝绸和棉布**
- **蜂蜡**
- **亚麻布**
- **木材**

《十四岁的小舞者》
埃德加·德加
1878——1881年

内部

主要材料

- 蜡
- 黏土
- 绳子
- 有机材料（填充）
- 细线
- 粗线
- 涂料
- 木材
- 覆盖在木材上的有机材料
- 金属支架

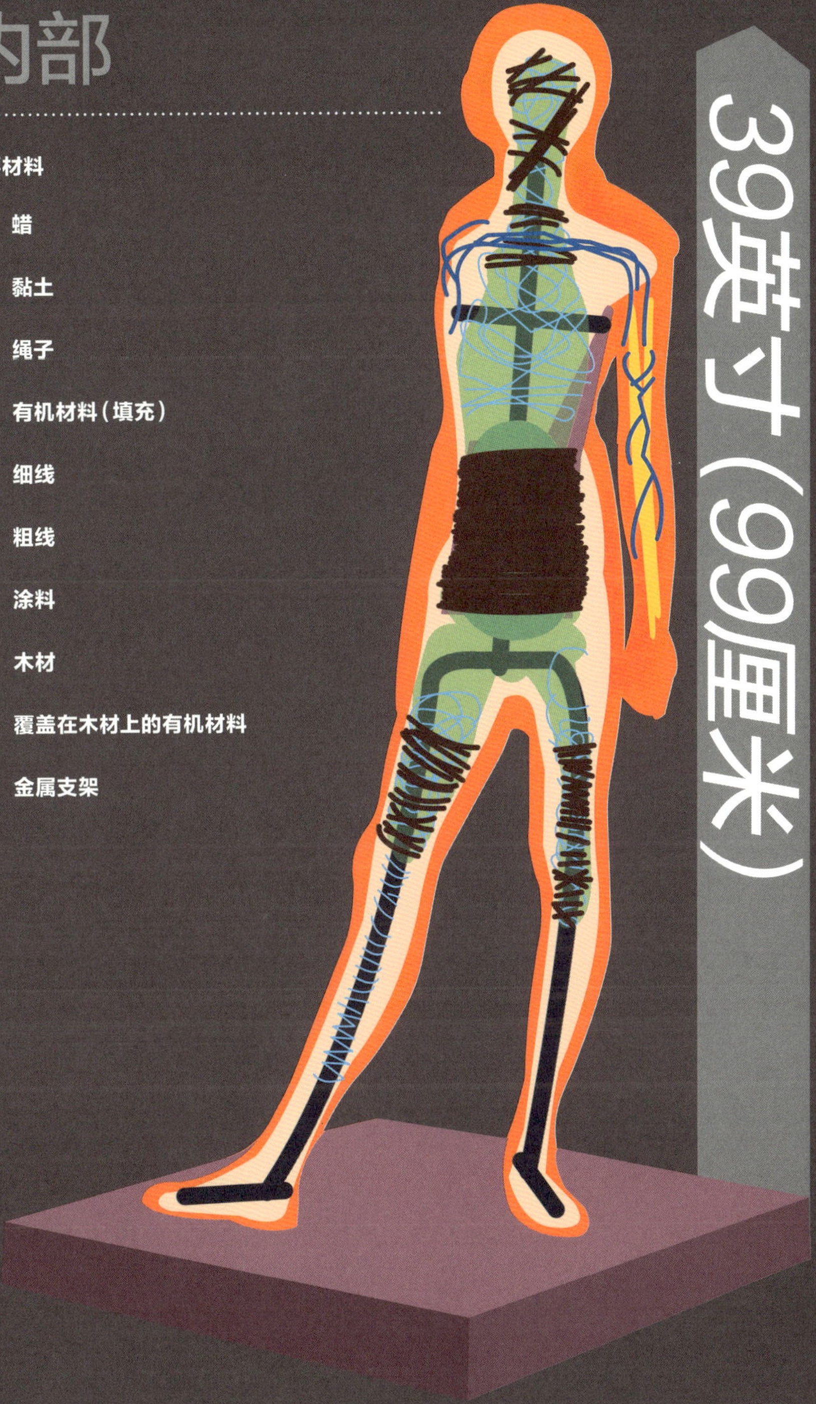

300件独幅版画

先用油墨在金属板上描绘，再用手工或印刷机转印到纸上，独幅版画一般只能产生简单的印痕。德加着迷于制作过程，他一共做了大约300件这样的作品，成为19世纪关于媒介的最伟大实践者和创新者。尽管后来他试着用油彩代替油墨，但这些作品大多数是黑白的，有时候也会盖一层色粉。据说他声称自己是所谓“彩绘”的发明者。

1648

意大利艺术家乔瓦尼·贝内代托·卡斯蒂里奥尼发明了独幅版画的制作方法。

1874

德加的朋友卢多维克·莱皮克向他介绍了这种制作方法，早期独幅版画中不少是他们俩合作完成的。

1890

勃艮第之旅激发了德加创作第一幅油彩风景版画的灵感，风格趋向抽象。

1958–1960

纽约现代艺术博物馆推出“新异之美”展览，这是美国50年来首次举办的德加独幅版画展。

2016

巴勃罗·毕加索收到九件由德加制作的表现妓院场景的独幅版画。他认为这些可入其最好作品之列。

《壁炉旁的女人》
埃德加·德加
独幅版画
1880 /1890年
13英寸×19英寸
（33厘米×49厘米）

埃德加·德加

04
遗产

“作为男人和画家，德加树立了榜样。他是位罕见的强者，任何东西，只要他想要就能得到，然而他鄙视饰品、名誉、财富，却不含怨恨和嫉妒。

——保罗·高更，《此前此后：高更回忆录》，1903年

评论

德加的一生赢得极大的赞誉，但也遭受严厉的批评，其中他选择底层民众作为创作主题最受非议。他也会苛刻地自嘲，有一次提到他的一幅作品时他对莫奈说：“让我离开，那些水的反光刺痛了我的眼睛！”有个展览的评论说他“总是搞不清楚比例”，他表示同意，并苦恼地自责，声称这完美地描述了他作为一个艺术家的成长过程。

“谁也不能确切地表达现代优雅的感觉……而且，他是这样的一个人，即使在他最小的作品中，都能彰显其观察能力、艺术敏感性和审美品位。”

——菲力普·布尔蒂，《法兰西共和国》1874年4月25日

“与先前一样，德加仍然是毋庸置疑的大师……一切如此有趣，以致于很难不再重复地赞美。”

——保罗·阿曼德·西尔维斯特，《摩登生活》1880年4月24日

“一位现代生活的画家诞生了，他横空出世，无可比拟，他为艺术带来了全新的趣味，全新的处理方式。”

——乔里·卡尔·于斯曼，《现代艺术》1883年

“德加先生仍然执迷于动感——他对此的追求已达到狂暴的、可耻的扭曲。他那固执的观念必然会导致这样的结果……”

——欧盖尼·弗尔龙
《艺术》，1880年

“他永远不会改变；我们也永远不会从他那得到什么，除了工作中的舞者、从矮窗诡谲地射入的光、以及没有任何透视的又陡又斜的地板……”

——亚瑟·贝格雷斯，《艺术与好奇》
1880年

画家德加先生令人难以忍受……他很清楚早熟缺陷留下的创伤；他有一种可怕的伪装感……他的构图松散而杂乱……他的才华，包括一些随意性，可能是故意装出来的；德加先生恼人的悖论不胜枚举。”

——保罗·曼特兹 《时报》，1877年

德加去世后，他的遗产被混杂了：他被公认为最有影响力的印象派艺术家，是那一代中最具才华的画家，但一些现代评论家又指出，他的作品有歧视女性的倾向，而且他的反犹太立场使他被一些观众所疏离。

德加的艺术地位

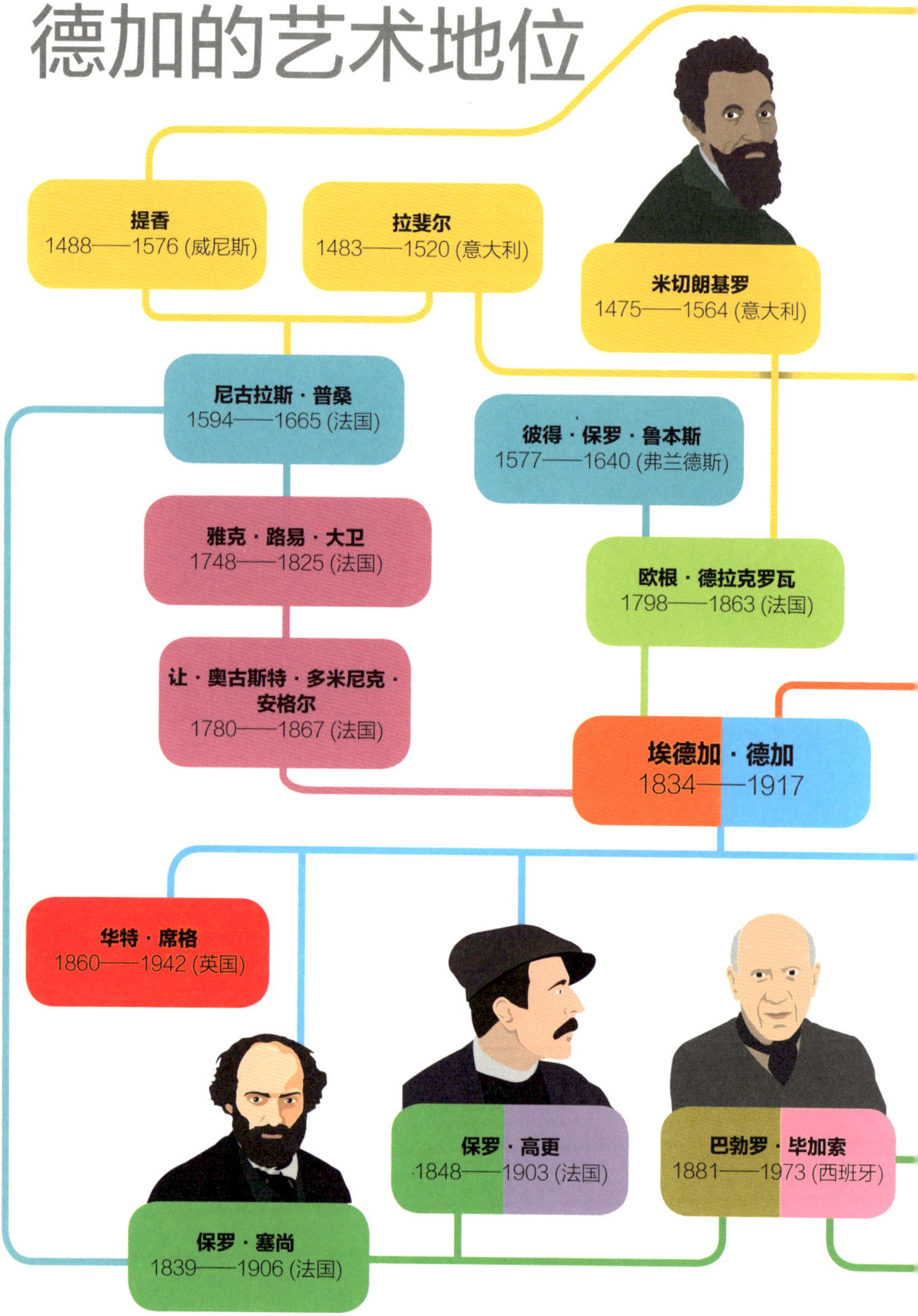

提香
1488——1576（威尼斯）
拉斐尔
1483——1520（意大利）
米切朗基罗
1475——1564（意大利）
尼古拉斯·普桑
1594——1665（法国）
彼得·保罗·鲁本斯
1577——1640（弗兰德斯）
雅克·路易·大卫
1748——1825（法国）
欧根·德拉克罗瓦
1798——1863（法国）
让·奥古斯特·多米尼克·安格尔
1780——1867（法国）
埃德加·德加
1834——1917
华特·席格
1860——1942（英国）
保罗·高更
1848——1903（法国）
巴勃罗·毕加索
1881——1973（西班牙）
保罗·塞尚
1839——1906（法国）

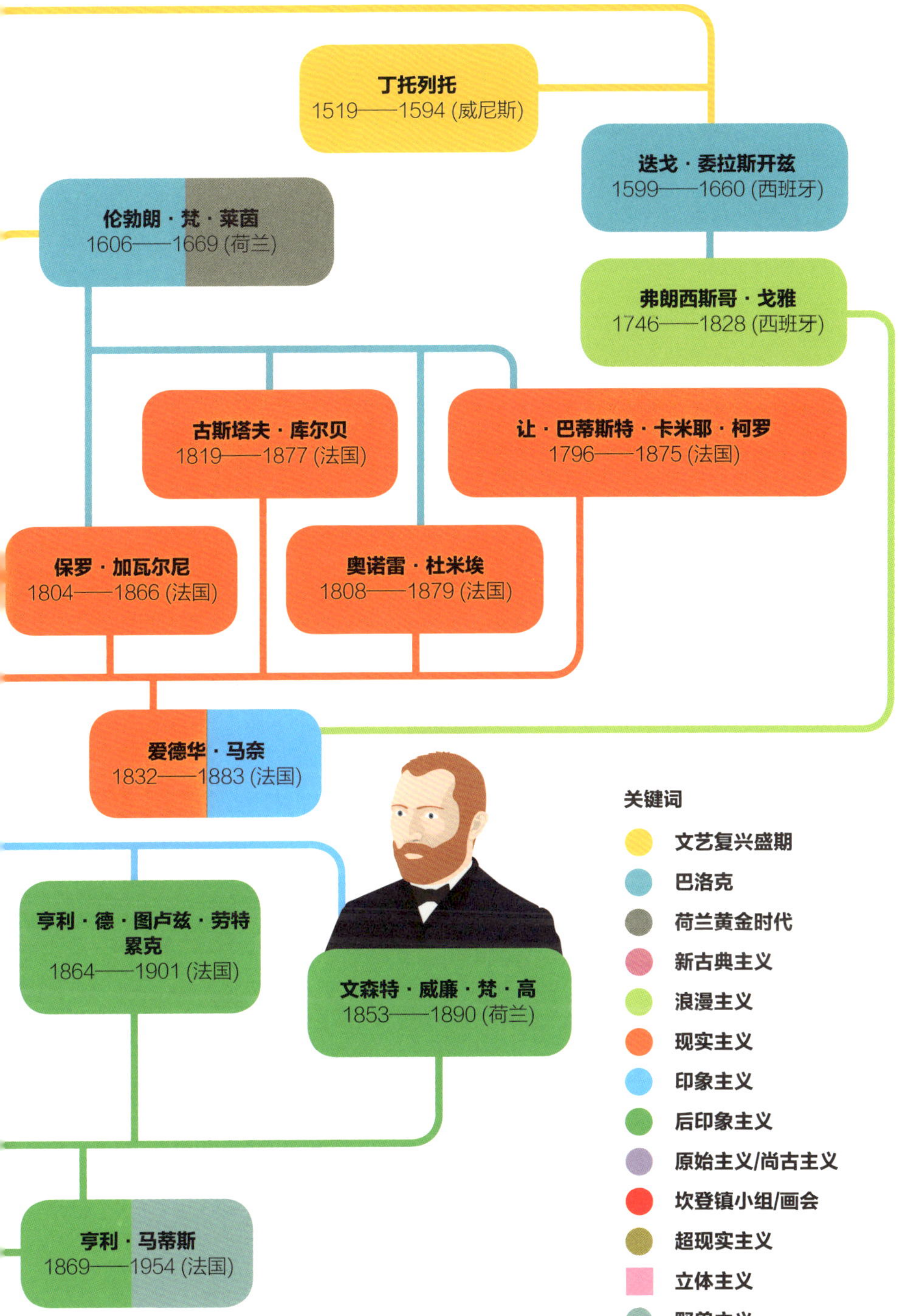

关键词

- 文艺复兴盛期
- 巴洛克
- 荷兰黄金时代
- 新古典主义
- 浪漫主义
- 现实主义
- 印象主义
- 后印象主义
- 原始主义/尚古主义
- 坎登镇小组/画会
- 超现实主义
- 立体主义
- 野兽主义

发现雕塑家

《十四岁的小舞者》是德加一生中唯一展出过的雕塑作品。当他去世时，在他的工作室里发现了150件由蜡、陶泥和黏土制成的模型，尽管由于这些材料的易毁性意味着可能只有一半左右的模型在他去世后的20世纪20年代早期可以被铸成青铜雕塑。这些雕塑包括舞者、裸体人物和马匹，后者受到了摄影师爱德沃德·迈布里奇对动物动感研究的影响。德加可能从未想过要将这些雕像公之于众，他只是藉以探索自己偏爱的主题而已。

右足着地的奔马
棕色蜡和软木，1880年
13英寸x17英寸x9英寸（33厘米×43厘米×23厘米）

显要的阿拉贝斯克舞姿
青铜，1885年制作模型，1920年铸造
17英寸x24英寸x12英寸（43厘米x60厘米x31厘米）

德加生前展出过的后被铸成青铜的雕塑
德加死后被发现的后被铸成青铜的雕塑
德加死后被发现的无法铸成青铜的雕塑

德加的关键词

新奥尔良
未婚
巴黎
歌剧
沙龙
希莱尔
单独
画师
油墨
彩色
德加
肖像
芭蕾
资产阶级
意大利
第九区
线条
形式
现实主义
蚀刻版画
安格尔
日本浮世绘
雕塑

德莱弗斯
历史画
新古典主义
马赛
运动
女帽
视力
洗衣工
卢浮宫
文艺复兴
咖啡馆
洗澡
裸体画
粉色
苦艾酒
独幅版画
印象主义
纺织工
棉花
大师
收藏家
女性
奥赛博物馆

拍卖

拍卖会上的印象派

休息中的舞者
埃德加·德加
色粉加水粉，纸本拼接，1879年
23英寸×25英寸（59厘米×64厘米）

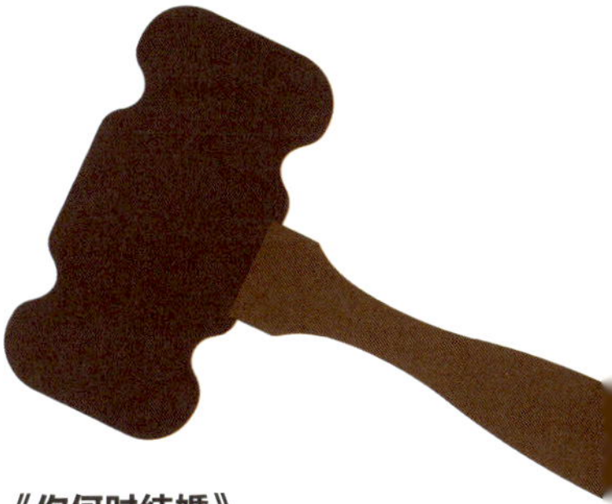

3亿美元
《你何时结婚》
保罗·高更
1892年，2015年成交

2.59亿美元
《玩纸牌者》
保罗·塞尚
1892——1893年，2012年成交

8050万美元
《睡莲池塘》
克劳德·莫奈
1919年，2008年成交

7810万美元
《红磨坊的舞会》
皮埃尔·奥古斯特·雷诺阿
1876年，1990年成交

6510万美元
《珍妮》（春天）
爱德华·马奈
1881年，2014年成交

3700万美元
《休息中的舞者》
埃德加·德加
1879年，2008年成交

3200万美元
《蒙马特大道，春天的早晨》
卡米耶·毕沙罗
1897年，2014年成交

1800万美元
《亚嘉杜的塞纳河和铁桥》
古斯塔夫·卡耶博特
1885年，2011年成交

1090万美元
《午餐后》
贝尔特·莫里索
1881年，2013年成交

425万美元
《卢安河畔的莫雷》
阿尔弗莱德·西斯莱
1886年，2007年成交

美国

大都会艺术博物馆，纽约

23 幅画作

包括《舞蹈课》，1874年

国家美术馆，华盛顿特区

21 幅画作

包括《赛马》，1871——1872年

诺顿西蒙博物馆，帕萨迪纳

10 幅画作

包括《洗衣女工》，1873年

耶鲁大学美术馆，纽黑文

6 幅画作

包括《赛马手》，约1882年

底特律艺术学院，底特律

6 幅画作

包括《绿房里的舞者》，约1879年

芝加哥艺术学院，芝加哥

7 幅画作

包括《咖啡馆歌手》，1879年

保罗盖蒂博物馆，洛杉矶

4 幅画作

包括《自画像》，1857——1858年

布鲁克林博物馆，纽约

3 幅画作

包括《芭蕾舞剧〈源泉〉里的菲尔珂小姐》1867——1868年

费城艺术馆，费城

4 幅画作

包括《浴后》，约1896年

搜索德加

德加的作品在全球150多家博物馆和画廊中展出过。1911年卢浮宫接受了20件作品（一般作为身后的荣誉），而更多作品在他去世后被出售。20世纪后期，这些藏品被转移到奥赛博物馆，它是全球收藏德加作品最多的地方。这里提及的都是有关永久藏品的数量，还有更多色粉作品、独幅版画、照片以及其他材质的存世作品有待挖掘，并定期展出。

加拿大

加拿大国家美术馆，渥太华

4 幅画作

包括《咖啡馆音乐会》，约1879——1884年

英国

国家美术馆，伦敦

9 幅画作

包括《梳发》，约1896年

菲茨威廉博物馆，剑桥

5 幅画作

包括《咖啡馆》，约1875-1877年

苏格兰国家美术馆，爱丁堡

3 幅画作

包括《迭戈·马尔泰利》，1879年

伯明翰博物馆和美术馆，伯明翰

1 幅画作

《罗马女乞》，1857年

法国

奥赛博物馆，巴黎

43 幅画作

包括《贝莱利家族》，1858——1867年

德国

新绘画陈列馆，慕尼黑

2 幅画作

包括《熨衣女》，1869年

瑞士

布尔勒藏品基金会，苏黎世

4 幅画作

包括《卢多维克·莱皮克和女儿们》，约1871年

西班牙

提森·博内米萨博物馆，马德里

1 幅画作

《林中池塘》，1867——1868年

澳大利亚

澳大利亚国家美术馆，堪培拉

1 幅画作

《巴黎卢森堡花园保姆》，约1875年

小传

玛丽·卡萨特
（1844——1926）
与德加关系密切的美国印象主义艺术家。德加欣赏她的才华，常鼓励她，还购买过她的几件作品。她参与过几幅德加的画作和铜版画。

雷内·德·加
（1846——1921）
埃德加最小的弟弟。1872年，他们一起去了新奥尔良，那里也是雷内的常居之地。后来兄弟俩发生争吵，但又和好了。德加画了一些雷内及其妻子——也是他们的表妹——埃斯特尔·马森的习作。

保罗·杜兰德·鲁埃尔
（1831——1922）
艺术品经销商和印象主义画家的支持者。德加定期提供作品给杜兰德·鲁埃尔出售，以换取可靠的现金流，必要时他会多提供些作品。

卢多维奇·哈勒维
（1834——1908）
德加的发小。作家、剧作家和编剧，他的妻子叫路易丝，他们为德加营造了第二个家。 卢多维奇原是德加最亲密的朋友之一，德雷福斯事件发生后，彼此便疏远了。

卢多维克·莱皮克
（1839——1889）
莱皮克是一位伯爵、艺术赞助者和业余画家，他的作品参加过印象派前两届展览。更重要的是，是他向德加介绍独幅版画，这成了德加11种绘画和色粉的媒介之一。

詹姆斯·蒂梭
（1836——1902）
法国著名风俗画家。19世纪70年代移民到英格兰。他们在路易斯·拉莫特的带领下一起学习，并建立了深厚的友谊。他们之间有大量的信件来往，尤其是德加旅居新奥尔良时。

亨利·鲁亚尔
(1833——1912)
两人在学生时代相识，并成为终生挚友，直到1912年时鲁亚尔去世。在普法战争期间他们在同一部队服役。亨利买过几件德加的作品，他后来成了富有的实业家。

保罗·瓦尔平松
(1834——1894)
德加和瓦尔平松 在孩提时期便已认识。每到夏天，德加经常会去瓦平松家在诺曼底乡村的梅尼尔-休伯特庄园消暑。保罗是古斯塔夫·卡耶博特的表弟。1855年，他的父亲爱德华将德加介绍给了安格尔。

古斯塔夫·莫罗
(1826——1898)
埃德加在意大利时结识了画家古斯塔夫，在19世纪50年代后期，他们有过一段短暂的交往，但影响深远。他们都热爱古典艺术，后来德加转向现代题材，莫罗则继续走在象征主义的道路上。

安博洛伊斯·沃拉德
(1867——1939)
一位重要的现代艺术经销商和收藏家。沃拉德帮助德加推广作品，他也帮其他几位艺术家包括毕加索、高更和塞尚等推广。1924年，他撰写了德加传记《德加：一幅亲密的肖像》。

玛格丽特·德·加
(1842——1895)
埃德加最小的妹妹，据说也是兄弟姐妹中他最喜欢的一个。玛格丽特嫁给了建筑师亨利·费夫尔，移居布宜诺斯艾利斯。他们的女儿珍妮照顾德加晚年的生活。

保罗·艾伯特·巴索洛姆
(1848——1928)
巴索洛姆是德加晚年时最亲密的朋友之一。他是一名雕塑家，他俩在工作中互相鼓励、提出建议。他的代表作是拉雪兹神父公墓中的《亡者纪念碑》。

朋友 **家人**
商业伙伴

德加的媒介

- 素描（1853—1910）
- 油画（1855—1900）
- 色粉（1875—1907）
- 蚀刻版画（1856—1865）（1875—1892）
- 独幅版画（1874—1886）（1890—1893）
- 摄影（1895—1896）
- 雕塑（1880—1910）

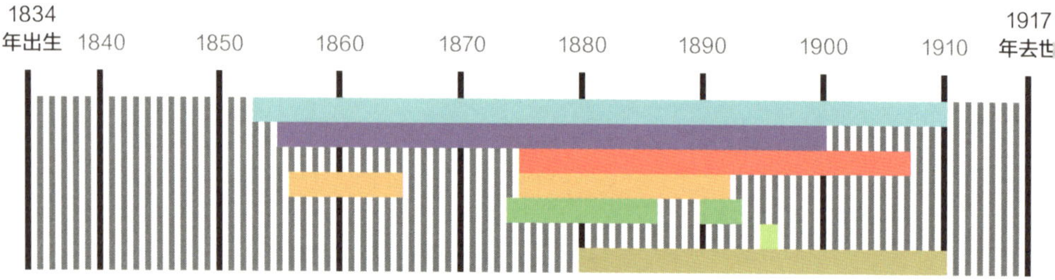